Les œufs
et
les poussins

Fiona Patchett

Maquette : Josephine Thompson et Nicola Butler

Illustrations : Tetsuo Kushii et Zoe Wray

Expert-conseil : S. James Reynolds

Pour l'édition française :
Traduction : Muriel de Grey
Rédaction : Renée Chaspoul et Anna Sánchez

Sommaire

En famille

Tous les oiseaux pondent des œufs, d'où sortent les oisillons. La plupart des espèces d'oiseau prennent soin de leurs petits jusqu'à ce qu'ils aient grandi.

Les jeunes se serrent les uns contre les autres pour avoir chaud. Leurs parents sont tout près.

La construction du nid

La plupart des oiseaux construisent un nid pour protéger leurs œufs. Ils se servent de matériaux qu'ils trouvent aux alentours.

Ce macareux ramasse de l'herbe pour tapisser son nid.

4

L'oiseau apporte des brindilles dans l'arbre. Il les relie avec son bec.

Il ajoute de la mousse, des racines et de l'herbe, qu'il dispose en coupe.

Ensuite, l'oiseau appuie pour faire un creux dans le nid.

Le pinson fait jusqu'à 1300 voyages par jour pour ramasser des matériaux pour son nid.

Drôles de nids !

La forme et la taille des nids varient beaucoup. Certains oiseaux ont des méthodes de construction astucieuses.

La fauvette couturière fait une rangée de trous autour d'une feuille.

Elle coud la feuille avec de la toile d'araignée et la tapisse de plumes.

Le nid du colibri est minuscule. Il est fait de toiles d'araignée et de plantes.

Le nid du tisserin, construit
avec de l'herbe, est suspendu
à des branches.

Le martinet des Seychelles
fait son nid avec de la salive.

La ponte

Certains oiseaux ne pondent pas leurs œufs dans un nid.

Le guillemot pond ses œufs sur les falaises. Les œufs ont la forme d'une poire.

Si l'on pousse l'œuf, il décrit un cercle en roulant et ne tombe pas de la falaise.

Le bec-en-ciseaux noir pond sur les plages sableuses.

Le flamant rose pond
ses œufs sur des
monticules de boue.

Le martin-pêcheur pond ses œufs
dans un trou, au bord d'une rivière.

Au chaud

Les oiseaux doivent garder leurs œufs au chaud pour que l'oisillon puisse se développer.

Pour garder son œuf au chaud, le manchot empereur le tient en équilibre sur ses pattes.

Le manchot tient son œuf en équilibre sur ses pattes pendant deux mois.

Le leipoa recouvre ses œufs de terre et de feuilles.
La chaleur émise par les feuilles en pourrissant
maintient les œufs à la bonne température.

Un oiseau perd parfois
les plumes du poitrail.

En contact avec la peau,
les œufs sont au chaud.

Dans l'œuf

Après la ponte, un oisillon, ici un poussin, commence à se développer dans l'œuf.

La tache rouge commence à se transformer en un poussin.

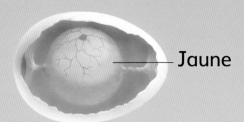 Jaune

Le jaune contient la nourriture qui permet au poussin de grandir.

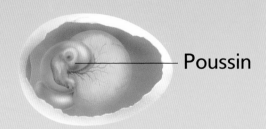 Poussin

Le poussin continue à grandir. Le blanc le protège.

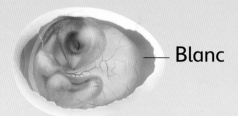 Blanc

8

Certains oisillons mettent 10 jours pour grandir, d'autres 75 jours.

Le poussin se transforme en un poulet minuscule,
avec un bec, des yeux et des pattes.

Le poussin piaille
dans son œuf. Sa
mère l'entend.

L'éclosion

Quand le poussin est suffisamment vigoureux, il sort de la coquille.

Dent d'éclosion

1. Le poussin a une bosse sur son bec, la dent d'éclosion.

2. Il se sert de sa dent d'éclosion pour percer la coquille.

3. Le poussin repousse le haut de la coquille, puis se repose.

4. Le poussin s'extirpe de la coquille. Ses plumes sont humides.

Les plumes du poussin sèchent
et deviennent duveteuses.

Le poussin n'a plus besoin de sa
dent d'éclosion. Il la perd bientôt.

Dans le nid

Les oisillons nés dans un nid n'ont pas de plumes.
Ils restent dans le nid jusqu'à ce qu'elles poussent.

1. Les oisillons naissent
avec les yeux fermés.

2. Les plumes
commencent à pousser.

3. Les yeux s'ouvrent au
bout de quelques jours.

4. Ils grandissent, et le
nid devient trop petit.

Ces jeunes aigrettes
sortiront du nid
quand elles
auront des
plumes plus
résistantes.

Le jeune coucou

Le coucou ne construit pas de nid. Il pond ses œufs dans celui d'autres oiseaux.

Le coucou pond son œuf dans le nid d'un autre oiseau et s'envole.

L'oiseau couve les œufs, y compris celui du coucou.

Une fois sorti, le coucou pousse les autres œufs hors du nid.

Le jeune coucou ne cesse de piailler pour qu'on lui apporte à manger.

Le jeune coucou est souvent plus gros que ses parents adoptifs.

À table !

Pour grandir, les jeunes oiseaux ont besoin de beaucoup manger. Ils se nourrissent d'insectes, de graines ou de poissons.

Les sternes blanches nourrissent leurs petits de poissons. Ceux-ci les avalent tout rond.

Certains oisillons essaient de repousser les autres pour avoir plus à manger.

La mère arrive avec
un ver. Tous les petits
ouvrent grand le bec.

Elle donne le ver à l'un
d'entre eux et va en
chercher d'autres.

La couleur vive du bec de
l'oisillon indique aux parents
où mettre la nourriture.

Baptême de l'air

Les jeunes oiseaux savent voler dès la naissance. Mais ils ont besoin de s'exercer pour s'améliorer.

Ils s'efforcent souvent de battre des ailes.

Quand leurs ailes sont assez fortes, ils sautent du nid.

Ils étendent les ailes et planent jusqu'au sol.

Certains oiseaux cessent de s'occuper des petits pour les forcer à sortir du nid et à chercher eux-mêmes à manger.

Cette sterne blanche bat des ailes, mais pour voler, elle devra attendre que ses plumes aient poussé.

De bons parents

Les oiseaux s'occupent de leurs petits jusqu'à ce qu'ils puissent se débrouiller tout seuls.

Les cygnes transportent leurs petits sur le dos.

Le mâle éloigne les autres animaux des petits en gonflant ses plumes.

Certains oisillons se
mettent à l'abri dans les
plumes de leur mère.

Dans les pays chauds, les oiseaux doivent
protéger leurs petits de la chaleur.

Les petits de l'émeu se
mettent à l'ombre de

Le bec-en-sabot asperge
ses petits pour qu'ils

Comme des grands

Les jeunes oiseaux apprennent à se débrouiller en observant leurs parents.

Ces jeunes outardes houbara apprennent à chasser en copiant leur mère.

Les jeunes oiseaux imitent aussi le chant de leurs parents.

Un oisillon va suivre la première chose qu'il voit, en général sa mère.

S'il aperçoit un autre animal, il croit que c'est sa mère.

Les canetons savent nager dès la naissance. Pas besoin de cours de natation !

Œufs divers

Certains œufs sont unis, d'autres sont tachetés.
La forme et la taille des œufs sont très variables.

Les pluviers pondent
leurs œufs sur des
plages pierreuses.

Leurs œufs sont tachetés,
ce qui les rend difficiles à
distinguer des pierres.

Les petits sont
également difficiles
à distinguer.

Œuf de
sterne
arctique

Œuf de
crécerelle

Œuf de
brève du
Japon

Œuf de
merle
américain

Œufs représentés grandeur
nature. Les œufs d'autruche
sont les plus gros.

Les œufs de
colibri sont les
plus petits.

Œuf de
pluvier bronzé

Vocabulaire d'oiseau

Voici la liste de quelques-uns des mots utilisés dans ce livre, avec leur définition. Peut-être ne les connaissais-tu pas.

 nid : construction faite par les oiseaux pour y abriter leurs œufs et leurs petits.

 jaune : partie de l'œuf qui se trouve au milieu et qui sert de nourriture à l'oisillon.

 éclore : naître en sortant de l'œuf.

 dent d'éclosion : partie du bec de l'oisillon qui lui sert à briser la coquille.

 duveteux : doux comme les premières plumes des jeunes oiseaux.

 caneton : jeune canard.

 tacheté : couvert de petites taches.

Sites Web

Si tu as un **ordinateur, tu** peux chercher sur Internet d'autres informations sur les jeunes oiseaux. Sur le site Quicklinks d'Usborne, tu peux déjà te connecter aux quatre sites suivants :

Site 1 : Une rubrique sur les nids d'oiseaux, avec photo et description.

Site 2 : Tu peux voir ici des vidéos d'oiseaux divers, ainsi que l'éclosion d'un œuf.

Site 3 : Découvre un oiseau qui donne la bectée à ses petits.

Site 4 : De l'œuf au poussin, avec des photos explicatives et un dessin à colorier.

Pour accéder à ces sites, connecte-toi au site Web Quicklinks d'Usborne sur **www.usborne-quicklinks.com/fr**. Lis les conseils de sécurité et tape le titre du livre.

Les sites Web sont examinés régulièrement et les liens donnés sur le site Quicklinks d'Usborne sont mis à jour. Les éditions Usborne déclinent toute responsabilité concernant la disponibilité ou le contenu de tout site autre que le leur. Nous recommandons d'encadrer les enfants lorsqu'ils utilisent Internet.

Index

Remerciements

Rédactrice en chef : Fiona Watt, Directrice de la maquette : Mary Cartwright

Crédit photographique

L'éditeur remercie les personnes et organisations suivantes de leur contribution et d'avoir donné la permission de reproduire leurs photographies. **Couverture** GettyImages/Tim Flach et Andy Sacks. **p. 1** GettyImages/Laurie Campbell. **pp. 2-3** Windrush Photos/David Tipling. **p. 4** Kevin Shafer/CORBIS. **p. 6** Michael et Patricia Fogden/CORBIS. **p. 7** Warren Photographic/Kim Taylor. **p. 8** Dan Guravich/CORBIS. **p. 9** Nature Stock Shots/Mary Helsaple. **p. 10** Robert Schoen/Still Pictures. **p. 11** Bruce Coleman/John Canalosi. **p. 13** (haut) Robert Pickett/CORBIS, (bas) Julie Habel/CORBIS. **p. 15** Stockbyte. **p. 17** GettyImages/JH Pete Carmichael. **p. 19** Martin B. Withers/CORBIS. **p. 20** © Malie Rich-Griffith/infocusphotos.com. **p. 21** Christian Decout/Still Pictures. **p. 23** Roland Seitre/Still Pictures. **p. 24** Philip Perry/CORBIS. **p. 25** Bruno Pambour/Still Pictures. **p. 26** Xavier Eichaker/Still Pictures. **p. 27** FLPA - Images of Nature © Minden Pictures. **p. 29** Natural History Museum. **p. 31** Stockbyte.

Tous les efforts ont été faits pour retrouver et remercier les propriétaires de copyright. Les éditeurs s'engagent à rectifier toute omission éventuelle, s'il en est informé, dans toutes rééditions à venir.